Joulun aikaan

Topeliuksen lastenrunoja

Joulun aikaan, Topeliuksen lastenrunoja

Toimittanut ***Tuula Pere***
Taitto ja ulkoasu ***Peter Stone***
Kansikuva ***Ottilia Adelborg, Lukemisia lapsille VII***

ISBN 978-952-357-827-2 (kovakantinen)
ISBN 978-952-357-828-9 (pehmeäkantinen)
ISBN 978-952-357-829-6 (ePub)
Ensimmäinen painos

Alkusanat ja taitto Copyright © 2022 Wickwick Oy

Kustantaja Wickwick Oy
2022, Helsinki

Joulun aikaan
Topeliuksen lastenrunoja

Toimittanut Tuula Pere

SISÄLLYS

Alkusanat 4

Joululaulu. 6
Joulukuusi. 8
Ainan jouluaatto. 12
Joulusatu. 16
Joululaulu. 22
Uudenvuoden yö. 24

Viitteet 27

ALKUSANAT

Runot ovat tärkeä osa Zachris Topeliuksen (1818—1898) lastenkirjallisuutta. Suomen kansan satusedän aihepiirit vaihtelevat hänelle ominaisella tavalla lapsen elämän pienistä ja suurista kokemuksista maailmoja syleileviin tuntemuksiin.

Topelius säilytti koko ikänsä yhteyden lapsenomaiseen mielikuvitusmaailmaan. Hänen antautuessaan sadun ja runon matkaan rajat tavallisen arjen ja yliluonnollisen maailman välillä katosivat. Kirjailijan tarjoamat sisällöt kehittyivät elämän matkalla yhä syvemmiksi ja merkityksellisemmiksi.

Lapsen mahdollisuus oppia uutta ja kasvaa aikanaan kantamaan omaa vastuutaan maailmassa – erityisesti isänmaan hyväksi ja Luojan kunniaksi – olivat lempeästi mutta lujasti esillä Topeliuksen tuotannossa. Hänen ainutlaatuinen luontoyhteytensä on myös vahvasti läsnä.

Tähän kirjakokoelmaan on koottu Topeliuksen lastenrunoja, sellaisina kuin ne on julkaistu Lukemisia lapsille -kirjasarjassa (osat I–VIII) vuosina 1927–1930. Myös kuvituksena on käytetty kirjojen suomalaisten ja ruotsalaisten taiteilijoiden töitä.

Topeliuksen lastenrunoja -kokoelmaan kuuluvien kirjojen nimistä käy ilmi kussakin osassa painottuva aihepiiri.

Luonnon sylissä
Lapsen askelin
Elämää oppimassa
Vuodenkierto
Joulun aikaan

Antoisia lukuhetkiä kaikille Topeliuksen ystäville!

Porkkalanniemellä, 10.9.2022

Tuula Pere
OTT, lastenkirjailija
Topelius-seura ry:n puheenjohtaja

JOULULAULU.

Tervehtii jo meitä
joulu ihanin!
Tuli kylmän teitä,
armas kuitenkin.
Kaikki kauniit aatteet
tullessaan se toi;
yllään juhlavaatteet
lapset karkeloi.
Kynttilät ne hohtaa,
kirkkaan tuikkeen luo:
mielemme jo johtaa
Betlehemiin tuo.

Loista lapsen tiellä,
joulutähtönen!
Sinuun ilomiellä
luon ma katsellen.
Näithän, tähti, Herran
hymyin vienoisin.
Lapsi oli kerran
Vapahtajakin.
Noin sa kirkkahasti
loistos seimeen loit,
meille siitä asti
valos armaan soit.

Tuo nyt mieleen rauha,
joulu armahin!
Talven juhla lauha,
vieras herttaisin!
Keijut ilakoivat
kuusta kiertäen,
ympärillä soivat
laulut enkelten.
Lapset lauluun innoin
ääntään kohottaa,
kaikki riemurinnoin
kiittää Jumalaa.

JOULUKUUSI.

Ol' isä metsän valtias',
mi pilvet piirtää tohti;
ol' äiti sammal hunnukas
mi kanervoineen hohti,
taas veikko koski kuohuvöin
ja sisko tähti, joka öin
luo katseen maata kohti.

Ma kasvoin, missä jyrkänteet
päin pohjaa suojan soivat,
näin alla lammin syvät veet,
mua hongat vartioivat;
yön tähti tuikki latvassain,
ja kuu se riippui oksallain,
jääkiteet säihkeen loivat.

Ma olin prinssi salomaan,
sain ryhdin suoran, jalon.
Ja orava se matkallaan,
pääs aina vieraaks talon.
Ja rastaan aamulaulu soi
mun oksallain, kun huminoi
ja huohui virret salon.

Niin jouluaaton tietämään
näin pojan ilmestyvän;
hän minuun katsoi, kirveellään
jo iski haavan syvän.
Kun kukkeana kanerviin
ma muiden iloks kaaduin, niin
ma kohtalon sain hyvän.

Hän toi mun pihaan kartanon,
mun korjas talon taatto,
ja lasten äidin hoitohon
jo vei mun riemusaatto.
Hän seppelöi mun kukkasin
ja silkkinauhoin kirjavin, —
niin alkoi juhla-aatto.

Nyt joulusalin uljaan näin,
jo tulet loisti siellä,
ja lapsiparvi huimin päin
se leikki riemumieliä.
Ma muistin kankaan kanervat
ja rastaan laulut, oravat, —
niit' ikävoin mä vielä!

Mut muiden ilost' iloitsin,
siks kantanut en huolta.
Myös mulle laulut enkelin
soi taivahalta tuolta,
ja heijastusta oksillein,
kun välkkyi siivet keruubein,
sain taivaan valovuolta.

Nyt ystävittä unhoon jään,
kun joulu poies meni.
En pääse metsää näkemään,
en palaa juurilleni.
Nyt kuihdun, eikä kaivaten
mua kukaan itke jälkeen sen,
kun katos nuoruuteni.

Mut sentään, lapset, iloitsen:
sain teille henken' antaa.
Vaikk' kuninkaana saanut en
mä piirtää pilvenrantaa,
niin riemua nyt tunnen vain,
kun illan ilot oksillain
sain riemuksenne kantaa.

On suurin ilo, kun sa tuot
Kaikk' uhriks sillä lailla,
kun riemuin kaikki muille suot
ja itse olet vailla.
Se riemua on enkelin,
ja autuaat vain saavatkin
sen tuta taivaan mailla.

AINAN JOULUAATTO.

Parahin Emmi! Äiti sai
sun äidillesi kirjoittamaan;
häll' Oulun lohet, juustot kai
on juttunaan: — No, niinpä vai? —
Saat multa kirjeen postiin samaan!

Nyt hyvin voineen toivon sun,
ja ett' on ollut teillä lysti.
Tääll' lakkailtu on, siitä kun
me saimme loman varrotun,
ja leikitty on villitysti.

Me aattoaamun koittohon,
vaikk' kiskoi silmät kiisken unta,
jo huusimme: — Nyt joulu on! —
Ol' aamu ruma, valoton,
ja sitten alkoi tulla lunta.

Mut kohta kaikki vuoteeltaan, —
ja taisin ottaa pyöräyksenki!
Jo äiti oli puuhissaan,
ja suuren mytyn olallaan
toi reestä kyökkiin Matti renki.

Nyt kiillotettiin hopeat,
ja porsliinit ne pestiin kaikki!
Ja leivinuunist' tuntuivat
jo vehnästuoksut armahat,
ja tortut leipoi vanha Maikki.

Ol' aamupäivä pitkä niin
ja samoin melkein iltaan asti.
Nyt sipsuteltiin, kuiskittiin,
ja milloin ovi aukaistiin
me kiljahdimme riemuisasti.

Hui, hai, — se jälleen suljetaan!
Me tirkistimme avainreikään;
vaikk'ei nyt nähty paljonkaan,
me tirkistimme uudestaan,
mut tuloksiin se tuskin veikään.

Mut ovi aukes vihdoinkin,
ja kuusi salin permannolla
on kynttilöin ja tähtösin!
Nous jalka heti tanssihin,
niin hurjan hauska oli olla!

Mut silloin näämme lasta kuus,
niin armaan kainoa ja arkaa.
Heiss' enkelein on ihanuus
ja tyyni, kirkas iloisuus;
he oli kuusi orpo parkaa.

Ja lapset kiitti laulellen
nyt Betlehemin jouluyötä;
he maahan toivoi rauhaa sen,
ja että Jeesus pienoinen
ois meillä riemussamme myötä.

Pian ulko-ovi aukes ... Kas,
jo joulupukki tulee tuosta!
Hän oli julma mukamas,
ja harmaaturkki sarvekas; —
taa äidin Roosa koki juosta.

Hän kysyi ääneen möristen,
kuin puhuis tynnyristä jostain,
»kuink' oli lasten kilttiyden?»
No niin ja näin lie ollut sen,
mut hän nyt nyökkäs, kättään nostain.

Hän lähti — ei! — Jäi oven luo,
ja Roosankin jo haihtui pelko.
Kuin Matin oli sääret nuo,
mut ken lie pukki tuo,
ois hauska saada oikein selko.

Nyt tuli sisään.lennähtäin
jo mytyt, kääröt alinomaa,
yks, kaks — jo kolme jäljekkäin! —
Ne tuli niinkuin tuulispäin,
ja kaikki oli kummaa, somaa!

Kuin huimat kanat vilahtain
me luimme nimet — Eevan — Annin. —
Yks käärö yli tyhjä vain,
ja sormuksen jo niin mä sain,
ja niin sai Roosa pelimannin.

Niin tuli hepo suitsipää, —
niin nukke, kirja, rumpu, — viulu!
Niin lammas, joka sanoi »mää!»
— Mult' unhoon suuri osa jää —
niin esiliina, pikku kiulu.

Hui, — Anni sai nyt leningin!
Hei, — Eeva talouskojeet pienet!
Hoi, — Väinö sai nyt sapelin,
ja mulle kelkka tulikin,
jot' aina toivoin, kuten tiennet!

Ja osaks orporaukkojen
myös yhä antimia riitti!
Sai kukin vaatteet, lelusen.
Kuink' katsoivat he riemuiten,
ja kuinka ujoina he kiitti!

En luetella varmaan voi
nyt joka lahjaa joulupukin;
ja entäs, mitä kuusi toi!
Ja arvaa puurot, tortut, — oi,
me melkein liikaa söimme kukin!

Ja köyhille me erittäin
myös lähetimme jouluruokaa.
Jos avuks kaikkein kärsiväin
vois leivänkin vain suoda näin,
kun raukat nälkää nähden huokaa!

Meill' unta kesti yhdeksään, —
ol' aamukirkko käyty sillä!
Oi, ilotulet säihkettään
siell' loivat aamuhämärään,
ja henkäys näkyi käytävillä.

Kuink' urut meille soineet ois! —
Te ootte maalla onnekkaina:
Noin teillepä ei käydä vois,
et joulurauhaas nuku pois,
kuin nukkui tuhma siskos

Aina.

JOULUSATU.

Kai tunsit herra Jäykkäsen?
Hän oli hieno, ylhäinen,
mies nuori, vielä rikaskin.
Häll' oli vaimo armahin
ja Frits ja Alma, lasta kaks;
he kodin teki onnelaks.
Kai riemu häll' on suruton?
Niin luulis. Ja nyt joulu on.

Mut jotain uskon varmahan
myös häitä sentään puuttuvan.
Hän kyllyydessään, onnessaan
ei Jumalaansa muistakaan.
Ei rukoillen hän pöytään käy,
ja vieraana ei Kristus näy.
Ei enkeliä yhtäkään
näy hänen juhlapöydässään.

Mut Frits ja Alma, muistaen
tuon sadun hyväin enkelten,
kuink' istuu joulupöytään nuo
niin rikkaan, kuten köyhän luo —
he huusi: »Isä, varmaan kai
myös enkeli jo kutsun sai?»
Mut Jäykkänen hän nauroi vaan:
»No, ensi jouluks kutsutaan.»

Niin vai? Jo riemu lapset vie.
Mut kuinka Jäykkäsen nyt lie?
On sydän kumma kapine!
Kun juhlapöytään käyvät he,
niin kaunista on kaikki — mut
on puuro pohjaan palanut!
Ja ryppyotsin Jäykkänen
pois kiukkupäin nyt työnsi sen.

Ja vaimo pyysi: »Anteeks suo!
Voi joskus tapahtua tuo.»
Ja lapset pyysi: »Isä, oi,
ei suuttua nyt kukaan voi!»
Mut hän, mit' oikein lausui hän?
»Viis koiraa tällä myrkytän!
Voi hävettää ja suututtaa,
kun moista ruokaa syödä saa!»

Mut kuinka käy? Taas joulu on.
Taas kuuset syttyy loistohon,
mut Jäykkänen nyt pimeään
on kotiin jäänyt yksinään.
Hän rikas viel' on, nuorikin,
mut yksin jäi hän kotihin.
On vaimo mennyt lapsineen
jo toiseen kotiin, iäiseen.

Nyt huoneessaan hän istuu vait
ja katettu on pöytä kait.
On ruuat parhain laitetut,
ei puuro pohjaan palanut.
Mut kuinka mieltä kirveltää,
kun rakkaitaan nyt ei hän nää!
Ei vaimo, lapset pöytään käy,
ja kuusta vihreää ei näy.

Hän karvain mielin seisomaan
nous autiossa huoneessaan.
»Pois kurjat ruuat kaikki nuo!
Nyt vasta myrkkyä he tuo.
Mut väki sisään! — Teistä ken
tuon pöydän kattoi viidellen?
Hän heti saakoon eron nyt:
En vierait' ole käskenyt.»

Soi vanhan palvelijan ään';
»Oi, herra, vaivun häpeään!
Te anteeks suokaa, sekaannuin,
mä neljää paikkaa pöytään luin:
sen vanhaan tapaan katoin vain;
mut tuota ymmärrä en lain,
miks joku muu, en tiedä ken,
myös paikan kattoi viidennen!»

»No, olkoon!» lausui Jäykkänen;
niin oudot tuli mielehen.
Hän istuutui ja raskaan pään
hän nojas vasten käsiään,
ja hiljaa kyynelpisarat
niin poskille jo vuosivat.
Ne tulvanaan jo virtas, oi,
hän niilt' ei enää nähdä voi!

Jo järkkyy mieli ylpeän,
mies sairas tuntui miettivän,
miks tyytymätön ainiaan
hän oli riemuun parhaimpaan,
ja kuink' on kaikki katoovaa,
jos et nää Herraa Jumalaa:
maan lyhykäisen elämän
luo ikirauhaan yksin Hän.

Hän mietti kauan, kauan näin,
mut kun loi katseen pöytään päin,
ol' istuinpaikat täytetyt!
Siin' armas vaimo hymyy nyt,
pien' Alma rientää isän luo,
Frits-poika lahjan hälle tuo;
mut viidentenä näkeekin
hän siinä Herran enkelin.

Hän silmiänsä hieroo vait:
»No, kiitos Herran, nukuin kait!
Vai untahan tuo olikin,
ett' omaiseni menetin.»
— Mut kuule, ääni hellä soi!
Se ihmisen ei olla voi;
soi helkkyin ääni enkelin,
niin vienoin, kirkkain sävelin.

»Ei, ystäväni raukka, ei,
sun rakkaas kyllä hauta vei.
Mut täksi jouluks enkelin
sä viimein kutsuit vieraihin.
Kas, pyyntös mukaan saavuin näin,
mut kuolo kulki edelläin,
ett' tervetullut kodissas
ma olisin sun vieraanas.

»Näät taivaan enkelitpä nuo
ei vieraiks tule niiden luo,
jotk' ylpeänä sielultaan
ei hyvää Isää muistakaan.
He saapuvat vain luokse sen,
ken sydämessään nöyrtyen
suo Herran armosanoineen
ja Vapahtajan vieraakseen.

Siks Herra tahtoi taivuttaa
sun mieltäs kovaa, kopeaa
— ei vihassaan, vaan armossaan, —
jott' aattees onnen loisteestaan
jo Herran puoleen kääntyis pois
ja enkeleille avoin ois.
Saa heiltä riemun taivaisen
vain mieleltänsä nöyrtyen.

»Ja luokses nyt jos jäädä vaan
ma kanssa näiden kolmen saan,
me jäämme aina seurahas
niin riemuissas kuin murheissas.
Ja näkymättöminä me
sun luonas aina seisomme,
sua suojellen ja vieden niin
sun sielus viimein taivaisiin.»

— Soi sanat enkelin jo nää.
Vait Jäykkänen nyt pöytään jää
ja murehtii ja riemuitsee.
Mut kun hän siinä aattelee
ja näkee piirteet rakkahat,
niin siivet hennot, kasvavat
jo ylle neljän vierahan,
mies näkee heidän haihtuvan.

Siit' aikain herra Jäykkänen
on nöyrä, hellä, herttainen.
Hän köyhille suo hyvyyttään,
mut rikkaampi on entistään:
niin, rikkahampi paljonkin:
hän suojassa on enkelin,
hän kysyy taivaan tavaraa,
jot' yhä Herra kartuttaa.

Mut joskus jouluin, nähdessään
vain pienokaisen kutripään,
mi katsoi kuusta riemuissaan,
hän vait jäi murhein seisomaan.
Mut makeisia tarjoten,
jo hymys hän: »Niin iloitsen;
mua neljä vierast' odottaa!
Mut keitä ovat, — arvatkaa!»

JOULULAULU.

Joulu oveen kolkuttaa,
hymyy tuiskusäässä:
Lapsikullat, avatkaa!
Olen aivan jäässä.
Kukkurainen vakka tää
harteita jo väsyttää.
Lahjoja on mulla:
saanko sisään tulla?
— Tule, armas joulu!

Kynttilöitä mulla on
sekä kaunis kuusi.
Tulkoon joka talohon
riemu, rauha uusi!
Unhota en köyhääkään,
joka nääntyy nälissään.
Huolet, tuskain haavat
lohdun, hoivan saavat.
— Tule, armas joulu!

Riemuita ma kaikkein suon
leikin iloon hiivin;
taivaanlauluja ma tuon,
liehuin enkelsiivin.
Lasten silmät tuikkivat,
niinkuin tähdet kirkkahat;
suru, murhe musta
löytää lohdutusta.
— Tule, armas joulu!

Parhaat tulijaiset vain
viimeiseksi säästän:
Jeesuslapsi seurassain
vieraaks pyytää päästä.
Saako tulla sydämees
taivaallinen rauha sees?
Suotko maailman valon
tulla riemuks talon?
— Tule, Herra Kristus!

UUDENVUODEN YÖ.

Niin kylmä oli, paukkui jää,
ja tähdet tuikki julki.
Jo silmäns' ukko harmaapää
nyt tänä yönä sulki.
Pium, paum, soi kellot kumeaan,
näit Ajan pappisvirassaan;
yövahti eellä kulki.

Tip, tap, käy surusaatto vaan;
vait suku seuraa toista.
Ja joulupukki sarvessaan
nyt kantaa harsonmoista.
Myös tähtipoika lyhdytt' on
Ja almanakka sanaton . . .
Lyö kello kahtatoista.

Kun yö noin joutui puolehen,
niin torniportahaltaan
nyt samass' astui poikanen
luo kirkkomäen kaltaan.
Lie suinpäin kuusta hypännyt,
mut huusi vain: — Täss' ollaan nyt!
Nyt astun isän valtaan.

Ei joulupukin mieleen mies,
mi nähtiin herraks saadun.
Hän ärjyi: Väistä! Tiedät ties,
jos puskemaan ma paadun!
Mut Aika huus: — Vait! Nuorin vain
hän on mun lastenlapsistain.
Saa nähdä pojan laadun!

Läks vanha vuosi vaipuen
yön helmaan, vaivalloinen;
ja yhtä lyhytvaiheinen
on sijaan tullut toinen.
Lie iloinen, lie iloton,
ken tietää voi? Mut varma on,
ett' on se toisenmoinen.

Hän voimakkaana saapuu luo,
on lempeänä Iässä,
uus aika, nuori aika tuo,
mies toukoin maassa tässä.
Meit' tekemään hän muistuttaa
työt' joita Jumala ja maa
meilt' tahtoo elämässä.

Laps' armas, kevään kukoistus,
sa tule hyvää tuoden!
Sua seuratkohan siunaus
ja onni uuden vuoden!
Sa kasva uljaaks kunnossas,
ja sielun, ruumiin voimahas
sa vartu, Herran suoden!

Sa edisty ja vihannoi,
kuin latvus koivun tuoreen.
Pian taivaan kirkas armon koi
luo voimaa tarmoos nuoreen:
niin hoivaat hätää isänmaan
ja juures lujaan juurrat vaan
maas pyhään perusvuoreen.

VIITTEET

Kirjan runot on koottu Z. Topeliuksen Lukemisia lapsille -sarjasta (LL), osat I-VIII, Werner Söderström Osakeyhtiö, 1927–1930:

Joululaulu. 6
  LL VII, kuva: Tyra Kleen

Joulukuusi. 8
  LL VII, kuvat: Venny Soldan-Brofeldt

Ainan jouluaatto. 12
  LL VII, kuvat: Ottilia Adelborg

Joulusatu. 16
  LL IV, kuva: Venny Soldan-Brofeldt

Joululaulu. 22
  LL VIII, kuva: Acke Andersson

Uudenvuoden yö. 24
  LL III, kuva: Albert Engström

www.ingramcontent.com/pod-product-compliance
Lightning Source LLC
LaVergne TN
LVHW070602070526
838199LV00011B/469